75歳からの健康寿命

前期（65～74歳）楽すりゃ、後期（75歳～）に滅ぶ

三浦清一郎［著］

日本地域社会研究所

コミュニティ・ブックス

序――「老人」ではなく「年寄り」になりたい

「老人」とは、「ただ歳をとっただけの老いた人間」で、一方、「年寄り」とは、「老いて人生の経験を積んだが故に、人の役に立つ人間」であるという説を読んだ。だったら、自分も「年寄り」になりたい。

大相撲の「年寄り」は後者の意味だと書いてあった。そういえば、「大奥」にも「年寄り」という役があったはずである。

この分類が正しいとすれば、後期高齢者の夢は、最後まで「年寄り」でいたいということになるだろう。

しかし、「人の役に立ちたい」といっても、受け身で相談事を待っているだけでは、必要とされる年寄りにはなれまい。「隠居文化」の危険はそこにある。隠れて住んでいて、社会のお役に立てる機会はやってこない！

「年寄り」になるためには、社会から離れず、社会に参画して、働くしかない。

日本の高齢者福祉はこの一点の重要性を忘れている。政治家は、１９６３年に定めた「老人福祉法」(昭和38年法律第１３３号）の第3条の2項を読み返して、その趣旨を政策に生かすべきである。

第3条の2　老人は、その希望と能力とに応じ、適当な仕事に従事する機会その他社会的活動に参加する機会を与えられるものとする。

また、ある本の紹介文を読んでいたら、函館の薬屋さんのトイレに次のような張り紙があったそうだ。

「夢のない人は希望がない」→「希望のない人は目標がない」→「目標のない人は計画がない」→「計画のない人は行動がない」→「行動のない人は実績がない」→「実績のない人は反省がない」→「反省のない人は進歩がない」→「進歩のない人は夢がない」……。

ところで、老いの夢とはどんなものだろう。若いときの夢のままか、壮年期の夢の続きか、それとも新しい生き方になるのか。筆者は、よくわらないままに今日まで生きた。

アメリカのマネジメント研究者は、「正しいこと」を「正しい理由」で、「正しい人たち」と「正しいタイミング」でやる。正しい順序でやる。全力をあげて、集中してやる。そして「正しい結果」を生み出す、と言っている（＊）。

その通りだと思うが、若いときのようにやれるかどうかは、自信はない。そうありたいと願って努めたとしても、「正しい結果」に至るかどうかもわらない。わからないから、過去の延長線上に生きている。「年寄り」でいたいと願って、努力を継続することが何かを生むと信じて生きるしかない。だんだん心身が衰え、前を向いて進んではいるが、歩みはまさにカタツムリである。いつの頃からか、自分はカタツムリでいいと思えるようになった。

（＊）ケン・ブランチャード、スティーブ・ゴットリー共著、田辺希久子訳『1分間自己管理』ダイヤモンド社、2004年

Drown by Siena

「言葉のごちそう」を心がける

かつて、福岡県豊津町の学童保育に教育プログラムを入れたときのことである。ボランティアで来てくれたおばあちゃんに、「ほめ上手」な方がいた。特別、技術的なことをしたり、教えたりはなさらないが、いつもにこにこ笑って子どもたちに声をかけていた。

プール指導のときは、プールサイドで日傘をさして子どもたちを見守ってくれた。彼女の振る舞いに気づいて、子どもたちを見ていたら、多くの子どもがプールから上がって、彼女の側を通って移動する。明らかに、彼女から見てもらい、声をかけられたいのである。声をかけてもらった子どもは、プールに戻っても、おばあちゃんに見えるように「見栄」をきって泳ぐのである。抜群の「ほめ上手」であった。

「見てやる」、「ほめてやる」ことだったら、歳をとってからでもできる。「ほめ上手」こそが年寄りの大事な任務だと思った。

人それぞれの人生で、どのようにすれば「年寄り」として、毎日が生き生きとするのか、どのようにすれば社会からもっと必要とされるのか、一律の答えはないだろうが、言葉や笑顔のごちそうであれば、年寄りにもできるのである。

見ていてくれれば、励みになる。やさしい一言で人は救われ、一言の温もりで勇気をもらう。だから、言葉は「ごちそう」なんだそうだ。そんな簡単なことになかなか気づけない。

一日3人はほめよとアメリカの絵本にあった。今日は昔の教え子が訪ねてくる。彼にもやさしい一言をごちそうしたいものである。

もくじ

I

75歳からの健康寿命は、前期高齢期の生き方次第である

1　個人の体験を一般化できるか

不幸な偶然が重なって、筆者は前期高齢期を必死に生きなければならなかった。早過ぎた退職、妻の早逝、再就職の道はなく、息子はまだ大学へ入学したばかりで、学費を払ってやらねばならなかった。日々、「行くところ」はなく、「やること」も見い出せず、うつ病の一歩手前まで落ち込んだ。

だから、夢中で現実の課題に対処して生きた。夢中であった分、退職後の皆さんがゆっくりしているときに、筆者はサバイバルのために全力で走らなければならなかった。

この模索の過程で、親切な人や同感してくれる人にめぐり逢った。再就職ができなかったので、現役時代の延長で研究を続け、出版社の門を叩いて晩学者としての道を切り拓くことにつながった。世に出していただいた著書がつなぎ役となって、講義・講演のご依頼をいただき、社会とつながって生きるようになった。

筆者が専門とする社会教育は、学校教育と異なり、断然、学習者の評価が優先される。講義・講演も一期一会の一回勝負で、学校のように連続する授業の中で、「敗者復活」に臨む機会は与えられない。学習者の評価が得られなければ、二度と同じ場所の「お座敷」はかからないのである。

主催者はかならず「事業」のアンケート評価を取る。講義の中身はもちろん、本人の身だしなみから発声法に至るまで学習者の共感が得られなければ、講師は失格で、同じところに二度呼んでいただくことはない。社会教育において、必要とされる「年寄り」でいるためには、気を抜くことも、失敗も許されない。

もちろん、爺さん講師に、現役時代の肩書きは通用しない。まして、日本国の隠居は「無用人」(藤沢周平)である。次の登壇の機会をいただけるかどうかは、主催者と学習者の需要に応えなければならない。選挙のたびに有権者に呼びかける政治家の心境に似た緊張感である。

こうして退職後の自分は、社会教育という専門のおかげで「緊張」して生きることができた。この「緊張感」がトレーニングを欠かさない心身の「負荷」になった。おかげで、虚弱児の自分が後期高齢期まで元気に生きることができた、と思っている。

「前期」のがんばりと緊張感が、「後期」高齢期の健康寿命を支える、という本書の主張は、筆者自身の体験を下敷きにしている。個人の体験を一般化できるか、否か、厳密に証明はできないが、似たような経験をお持ちの読者の感想をお待ちしたい。

2　己を叱り、老いを励ます

過ぎし日に増して励めと
京セラの
創業の書を丁寧に読む

老いたあとになって、京セラ創業者の稲盛和夫氏の書には励まされることが多かった（＊）。人生の支えの第一は労働の中にある。「自分探し」などにこだわる若い人にも読んでもらいたい著作である。働くことに日々の支えを見出したおかげで人生を浪費せずに生きることができ、死ぬときもあまり悔いを残さずに済むような気がしている。

薄紅の夾竹桃《きょうちくとう》を

抱きかかえ
来年も会おうなと囁いてみる

己の老衰の自覚が深まるにつれて、年々生きたいと思う気持ちが強くなっている。だから、夾竹桃に限らず、庭の花にも散歩道の花にも、何度も「来年また会おう」と言っている。後期高齢期に入って、衰えの自覚はますます深まり、人にも花にも、来年も会いたいという思いが募る。

体力、気力が衰え、手が回らず、庭の手入れを怠りがちだが、荒れ放題の庭にも初夏がくれば紫陽花や小手毬が満開になる。歳をとって植物とも話ができるようになってうれしいことである。

34歳闘病に
人を励まし生きる人あり
79歳愚痴多く生きる我あり

自分が病いの床にありながら、なお他人を励ましている人を見ると、我が身を恥じ入る。筆者も己を叱ることはあるが、思うとおりに事が運ばないとき、愚痴多く、不平をもらしてだらしない。

若い水泳選手の池江璃花子さんが白血病で苦しみながらも、気丈で前向きのコメントを発表している。彼女の記事を読むとき、不甲斐ない爺さんの身が縮む思いがする。世の中にはすごい人々がいるものである。

夏はどうすると友が聞く
8月に仕上げるとオレは応える
こんな風に締めきりを決める

友人はありがたい。さりげなく背中を押してくれる。彼らがいるので、いつの間にか計画ができあがり、彼らに見てもらいたいという思いで、締め切りを決め、仕事に取りかかる。老いてなお、人のつながりの中で生きている。人とのつながりが自分を支えている。高齢者の健康寿命の必須条件だと思っている。

経要らぬ
葬儀も要らぬひたすらに
行けるところまで行ったと思え

（＊）稲森和夫『働き方「なぜ働くのか」「いかに働くのか」』三笠書房、２００９年

3　爺さんの最大の敵は孤独と無聊《ぶりょう》である

ある講演の日のことであった。開催地の駅には、用心して早めに着いた。朝食のつもりで食べたカップシチューの効力がなくなって、空腹でふらつきを感じた。駅前にできたばかりの小ぶりのシャレたカフェがあった。入り口に、今日の特別メニューはキノコスパゲッティと書いてあったので、ブランチにするつもりで飛び込んで注文した。

日曜日で、まだ昼には早い。一息ついて周りを見たらデートの若い二人連ればかりである。50人ぐらいいた客の中で、爺さんは私がたったひとり！　魔法使いがすべての客を若者に変えてしまった雰囲気である。「ボッチ飯」は孤独が身にしみるが、食っておかなければ、午後まで体力が持たない。

スパゲッティはうまかったが、そこここで笑い声が行き交う、華やいだ雰囲気の中でどこか仲間はずれになったような寂しい気分のブランチになった。

オレだって
好きな女がいるのだと
ひとり飯食う若者カフェ

女性は家事や育児の中で、地域社会に人間関係のネットワークができやすい。ところが「職住分離」で働いてきた男性は、意識して地域活動をしない限り、地域の人間関係には入れない。それ故、爺さんの最大の敵は孤独と無聊《ぶりょう》になる。世間は、高齢者の孤食を「ボッチ飯」という。休日のレストランは、家族づれ・仲間づれで周りがさざめいている分、「ボッチ飯」が身にしみて、禁物である。

それでなくても、会話のないひとりの食事は気が沈む。せめて、好きなものを好きなように食いたい！　だから、筆者のようなひとり暮らしの男には、家事力、特に料理力が不可欠である。近所の公民館に料理教室があるのなら、男は若いうちに習っておくことが肝要である。

4　高齢者の暮らし十戒

参考書と体験を組み合わせて、高齢者の健康寿命の十戒をまとめてみた。この教訓を守って80歳まで生きることができた。

(1) 前期高齢期を「楽」して生きるな!

心身にかける適度の「負荷」こそが、老衰を防止する。「使い過ぎれば壊れるけれど、使わなければ衰える」が老衰防止の原則である。「楽」して生きればほぼ間違いなく、「生活不活発病」の餌食になる。大川弥生さんが言うように、「動かないと人は病む」のである(*)。

(*) 大川弥生『「動かない」と人は病む――生活不活発病とは何か』講談社現代新書、2013年

（2）読み書き体操ボランティア

「廃用症候群」の具体例は、動かない人は動けなくなり、読まない人は読めなくなり、書かない人は書けなくなるということである。「隠居」していたら社会からますます遠くなる。筆者は幸いにも、孤独と無聊から逃げるため、20年にわたり、地域での英語指導ボランティアと生涯学習通信「風の便り」（月刊）を発行し続けた。振り返って、何よりのボケ防止であった。

また、手紙でも、メールでも、友人・知人に老いの「相聞歌」を送り続けた。本書でイラスト代わりに使った短歌はその名残である。

（3）「ノートレビックス」——好きな歌を暗唱し、歌いながら踊れ

体操も運動も大事であることはわかっているが、なかなか続かない。川辺公

園のラジオ体操グループも厳冬と酷暑には、壊滅状態になる。そんな状況をみて工夫したのが、「ノートレ」と「体操」を同時にやる「ノートレビックス」である。

「ノートレビックス」とは、好きな歌謡曲をCDで流したり、カラオケのつもりで歌いながらリズムに合わせて踊るものだ。仲間は「タコ踊り」と揶揄するが、自由に手足を動かせばいいのである。好きな歌を歌いながら、季節に関わらず、家の中でできることが最大の強み。歌詞を3番まで覚えるので、複数の歌を自在に使い分けるためには、頭を使う。暗唱・朗唱は絶好のノートレである。

興がのらない日もあるが、散歩、カラオケ、スクワット、「ゆるゆる体操」などを組み合わせて、筆者の健康寿命の維持には欠かせない。

（4）転ばぬ先の杖

「杖」は「用心」の意味で、抽象的には、暮らしの「目標」と「計画性」を意味するが、78歳を過ぎてからは散歩時に本物の杖を使うようになった。何ごとも事前の用心に越したことはない。

杖を意識することは老化の象徴だが、後期高齢者になってまで若さをアピールする必要はない。不注意で、転んで骨を折るほうがずっと恥ずかしい。事実、計画と目標を忘れなかったおかげで、高齢期にも、やりたいことがいくつかできた。また、日常の暮らしで、杖のおかげで避けることのできた転倒が何回かある。

いまどきは、夜道用にＬＥＤライトのついた杖があり、娘夫婦がプレゼントしてくれた。ありがたい世の中になったものである。

(5) オレはオレだと思えるか「人並み」を捨て、他人の評価も捨てておけ！

心身が衰えてくると、世間についていくのが容易ではなくなる。町内会の「組長」の役が回ってきたらどうしようと、戦々恐々である。外の仕事で気を張っていた身だしなみもコロナウイルスのような自宅待機の自粛要請が出ると一気に崩れてしまう。むさ苦しいひげ面で買い物に行ったりするから、「人並み」すらも難しくなった。

顔見知りなどに会ったりすると、挨拶に困って辛いところだが、「オレはひとり暮らしの爺さん」と開き直る。「むさ苦しいが勘弁して」と思えるようになった。見栄を捨てることは老いぼれの証拠だが、背に腹はかえられない。

子どもたちからは、「少しは気を使え」と叱られるが、オレはオレだと思えるようになった。昔の基準を捨て、自分を責めるのをやめたら、暮らしがだいぶ楽になった。

（6）根拠なき、誇りや自尊心を捨てれば楽になる たいしたオレではないと思えるか

老いぼれの自覚は、自尊心を捨てることと裏表である。思ったようにやれない以上、いらぬ誇りは暮らしの邪魔である。

見栄と同じで根拠なき自尊心を捨てられれば、他人や世間と競わなくていい。他者との比較をやめると、気持ちが楽になる。

「無理は禁物」が後期高齢者の戒めである。根拠なき自尊心は、その無理を強いる原点だから危ないのである。また、高齢の男に地域デビューが難しいのは、昔の栄光を捨てきれないからである。嫌われ者の地域のオジさんにならないためには、「昔の名刺を燃やせ」という助言もある。意地や自尊心が生きる支えになることはよくわかるが、高齢期には邪魔にもなるのである。

（7）好きな人はいるか

「老年惚れやすく、学成り難し」は長年、勉強の障害であった。しかし、近年考えが変わった。「色気」は健康寿命の重要要素である。老いて一人になっても、惚れることをやめなければ、活力ホルモンも枯渇しない。

ひとり暮らしは他者に気兼ねしなくていい。気になる女性にも気軽に声をかけることができる。折り目ただしく声をかけてみれば、親切でやさしい人が多いこともわかった！　胸がときめくことが健康寿命に悪いはずはない！　好きな人に見てもらいたいと思えば、がんばれるのである。

（8）社会に関わり、役に立ち、自立しているのは天晴だ！

健康寿命を保って後期高齢期までがんばった人には、政府や自治体は、褒美を出してもらいたいとかねがね主張してきた。かつての「健康優良児」の発想を健康高齢者に変えればいいだけのことである。何より、これらの方々は医療費をあまり使わない。それゆえ、社会保障費の負担にもなっていない。まして、働き続けているのであれば、どこかで社会の役に立っている。

「優良年寄り」として、世間に認めてもらえれば、「社会的承認」も得られ、「必要」とされていることを実感できる。ほめられれば、励みになり、承認されることが目標にもなる。生涯学習をいうのであれば、80歳~85歳以上の「長命健康賞」や「生涯貢献賞」を創設してもいいであろう。基準は専門家が検討すればよいことである。

老後に何をするかにもよるが、労働には当然、ほどほどの「負荷」もかかる。最後まで働いている人がお元気なのは、心身の機能を使い続けているからである。元気は自立の第一要因である。これも前から書き続けてきたことだが、高齢者は「元気だから活動する」のではない、「活動を続けているからお元気」なのである。

健康寿命を失い、自分のことが自分でできなくなれば、たいがいの人の人生は終わりに近づく。

(9) 緊張にはリラックスが不可欠で、リラックスには全力投球が不可欠だ!

人間の感覚は比較対照的である。明があって、暗がわかり、寒があって、暖がわかる。ウイークデーがあって、週末が輝く。だから「毎日が日曜日」は辛いのだ。老後の暮らしには「他律」が少なくなる。現役のときは、「他律」から解放されるだけで、幸せを感じることができた。

ところが、いったん「他律」から解放されてみると、「自律」だけで生きることはなかなか難しい。「毎日が日曜日」は「自由の刑」になるのである。

それ故、意図的に、「緊張の時」と「弛緩の時」をつくり出すことが肝要である。

陸上の跳躍競技のように、飛ぶためには縮まなければならない。また、飛んだあとは、身体の緊張をほぐさなければならない。日々の暮らしもまた同じである。「一生懸命」と「のんびり」を上手に組み合わせれば、緊張と弛緩のバランスが取れる。隠居生活の「のんびり」だけで「充実」が得られるはずはないのである。

(10) この世に、がんばらずにできることなどない

社会が不安に満ち、老後の衰えを自覚するようになればなるほど、「やさしさ」が身にしみる。だから、高齢者に「がんばれと言うな」という論が出てくる。しかし、この世に、がんばらずにできることなどない。子どもたちにがんばれと言うように、高齢者にもがんばれと言わなければならない。健康寿命を延伸するためにも、志す労働を続けるためにも、「負荷」がカギになる。「負荷」がカギになるということは、老後もそれなりに「がんばらざるを得ない」、と

いうことである。子ども時代にがんばることを教えられた筆者は、幸せであった。がんばる力が、さまざまな助言の実践を可能にする。そしてもちろん、健康助言の実践こそが、後期高齢期の健康寿命につながっている。「がんばらなくていい」「無理しなくていい」というやさしい呪文は耳に心地よいが、呪文に惑わされて、甘えたら、おそらく、75歳以降の健康寿命はもたない。

Ⅱ

未だやることのある高齢期

1　高齢者の可能性

「可能性」という言葉は恐ろしい。可能性には二面性があるからである。「やればできる」という可能性と、「やってみたらできなかった」という可能性である。

だから、若い人を含め、「可能性」を試さずに、実行を先延ばしする。若者の「いつかやる」という「自分への執行猶予」は、エリクソンによって「モラトリアム人間（＊1）」と呼ばれた。現役をはなれた高齢者はますます「モラトリアム化」していく。「自分だってやればできるだろう」という幻想の中に安住するのである。「やればできるだろう」は、「今はしない」の言い訳である。実践に踏み切れない自分に与えた、気持ちの上の執行猶予である。

何もしない高齢者も同じである。時間がないことはわかっているのに、こちらも逃げているに過ぎない。定年後に地域デビューもしないで、ひきこもっている男には、「失敗恐怖症」がつきまとう。だから「モラトリアム」になる傾向が強いはずである。筆者は、退職後、息子の大学の月謝を払うだけで追い詰められたが、かえってそれが幸運であった。「見る前に跳べ（＊2）」の状況であった。

できない可能性があるのに、なにかを始めることは勇気を必要とする。退職者に新しい生活をためらわせるのは、「できない可能性」である。可能性は、「可と不可」と両方を含んでいるからである。

＊1　心理的猶予期間のこと。エリクソンは「青年期モラトリアム」と呼んだ。日本では小此木啓吾による『モラトリアム人間の時代』（中公文庫、2010年）がある。

＊2　大江健三郎の小説のタイトルである。タイトルに惹かれて読んでみたが、よくわからなかった。しかし、不思議なことに、人生のそこここで、「見る前に跳べ」と躊躇する筆者をけしかけたタイトルであった。「できない可能性」に囚われたら、動けなかったはずである。

2　高齢者の孤立――無縁社会に共同性はない

隣近所の顔やお名前を知らなければ、地域に共同性があるはずはない。孤独死はそういうところで発生する。現代人は、興味・関心・役割・利益で結びついている。これらの点で共通性がなければ、お隣りに住んでいても人間関係はできない。現代は、分業のシステムの中の役割と機能が人間を結びつける。「機能集団」と呼ばれている。機能は地域を分解し、ときに家族ですら分解してしまう。共通の機能の中にいなければ、人間は結びつかない。無縁社会はそのようにしてできたのである。

現代の仲間のほとんどは、機能集団の仲間である。機能からはなれれば、仲間ではなくなる。定年の孤立は機能集団からの孤立である。地域デビューをしなさいと、どの本にも書いてあるが、地域もまた個別の機能集団に分解されている。町内会や公民館のグループ・サークルに所属しない限り、地域の人間関係の中にはなかなか入れない。

定年者のひきこもりはこのようにして発生する。個人の責任で、定年後の新しい帰属集団を見つけることは簡単ではない。特に、男性の多くは、職住分離によって、地域は寝に帰るだけの場所であった。地域には、活動の足場をつくる機会もなかったのである。現代の「生涯学習」政策は、「自己責任で足場を見つけよ」という政策である。

高齢ひきこもりの7割が男性であるという事実は、自己責任だけで老後の居場所は見つけられないという証拠である。自由時間があって、地域にいるのは高齢者である。社会教育が少し知恵を絞ってサロンや地域ボランティアのメンバーを募れば、高齢者が地域をつなぐことができるようになる。文科省は「生涯学習」ばかりを唱えないで、社会教育の潜在的力を見直すべきである。正しく呼びかければ、日本人は必ず子どもや地域のために動いてくれる。どんな災害のときでも、秩序が壊れず、助け合いができるのは、過去の教育が成功した証拠なのだ。

無縁社会、高齢社会の人のつながりをつくるために、社会教育がどれほど重要であるか、教育行政は忘れてしまっている。地域の人々をつなぎ合わせる仲人機能がどれほど重要であるか、政治においても、教育行政においても、機能集団の中にいる現役は、「毎日が日曜日」の孤独をわかっていない。「デイ・ケア」を充実させる前に、やるべきことはたくさんあるのである。

3　「慣れ」は危ない！

歳をとることとは経験を積むことである。経験を積めば大抵のことには慣れてくる。高齢者は人生にすら慣れている。「慣れ」は「緊張感」と「真剣さ」を失なわせる。そこが危ない。

体験的にも、筆者の人生の失敗はすべて、慣れが原因であった。慣れは油断と慢心に通じているからであろう。もちろん、高齢者の失敗は致命的になることがある。

昔、アメリカの大学で聞いたことがあった。学生諸君がもっとも感激した授業・影響を受けた授業は、ベテラン教授の授業ではなく、大学院へ通いながら教授陣を補佐して、講義を担当する「大学院助手、グラジュエイト・アシスタント」たちの授業だった。彼らは「授業」にも「人生」にも慣れていない。だから、何ごとにも一生懸命であったはずである。

学生が、彼らの授業に心打たれた理由は、おそらく、「一生懸命」と「真剣さ」であったに違いない。授業の中身や表現はベテラン教授のほうが優れていたに違いないが、おそらくベテラン教授たちは授業に慣れ、人生に慣れて、学生を惹きつける新鮮な息吹を失っていたのであろう。長く生きた分、高齢者が失う最大のものは、「新鮮な息吹」である。

人間の出会いの感動はすべて「初恋」に似ている。不器用でも、世間知らずでも、「初恋」には「初々しさ」がある。「初々しさ」とは「新鮮な息吹」である。だから人の心を打つのであろう。

ディズニーランドでバイトをしたという香取貴信氏が書いている。シンデレラ城のガイドに慣れた頃、新人が入ってきて、自分が付き添って現場研修に付き合ったとき、お客様は慣れた自分の案内より、一生懸命に務める新人のガイドに惹きつけられていたという。アメリカの学生と同じなのだ。

それゆえ、高齢者こそ一生懸命や初々しさを忘れたらお仕舞いなのだ。人生に「慣れて」、わかっているつもりになることは、高齢者の落とし穴である。

アメリカの成人教育学者のペックは、「慣れの落とし穴」を、「精神の固定化」と呼んでいる。固定化とは、人生に慣れた結果、何ごとも昔やったようにしかやれなくなるということである。発想も、食い物も、ファッションも、趣味も、好き嫌いはすべて昔の基準通りになる。「精神的固定化」の予防法は一つしかない。「やったことのないことをやる」ことである。

慣れた気持ちを払い落として初心に返るにはちょっとした工夫がいる。着たことのないものを着て、食べたことのないものも食べてみる。読んだことのない書籍も読んでみて、これまでと違う傾向の映画なども観るようにする。行ったことのないところへ行くことなどは、最良の挑戦であろう。

毎回同じ格好で出かければ、同じ気持ちで出かけることになる。だから少しずつ小道具や衣装を変えてみる。筆者も、講演ごとに靴や背広を変えるほど、「物持ち」ではないが、シャツなら洗いたてを着ることができる。ネクタイも変えられる。カフスボタンも何種類か買った。呪文のように、今日は新しい一日だと自分に言い聞かせれば、「慣れ」をふるい落として出かけることができる。

初めての街、初めての施設、初めての担当者との出会いは、それだけで緊張感があるので、「慣れ」を払い落とすのにありがたい。

III

健康寿命のカギは「廃用症候群（Disuse Syndrome）」である

1　廃用症候群――使わない症候群――生活不活発病

怠惰には付ける薬がありません
つれなき返事
抱きて眠る

高齢者には庇《かば》ってくれる人と同じように、叱ってくれる人は大事なのだ。敬老文化の中で、日本の高齢者は、やさしくされることに慣れ、甘えることが癖になり、いたわりを要求しがちだが、自立をめざすのであれば、世間も人生も甘くない。叱ってくれる人がいるのは幸運と思わねばならない。

筆者にとって、健康寿命の問題は一個人の体験を一般化して大丈夫かという点である。このとき、筆者を覚醒してくれたのは、医学が提示した「廃用症候群」概念である。英語では「Disuse Syndrome」という。直訳は「使わない症候群」

であり、「使わなければ使えなくなる」という意味である。「使わない症候群」は、「廃用症候群」より簡明でわかりやすい。「生活不活発病」の概念にも通じるところがある。

老衰を意識しはじめた頃の自分には、「目から鱗」の概念であった。歩かない人は歩けなくなる。読まない人は読めなくなる。書かない人はますます書けなくなり、ひとり暮らしで仲間から離れれば、やがて言葉を失う。だったら、自分は最大の危機的状況にあると悟ったのである。心身の機能は「使わなければ、使えなくなる」。換言すれば、カギは「心身への適切な負荷」にある。「負荷」の重要性は、老若男女かわりはないが、老化が始まる高齢者にとって、「負荷」を外した生活は致命的だ！

「負荷」の有無にかかわらず、高齢者は、生物の自然現象として、加齢に伴い急速に衰えはじめるからである。「何もすることがない生活」は、高齢者にとって、もっとも危機的な問題である。活動しなければ、負荷はかからない！

この点の認識が甘いから、認知症1千万人の時代だと週刊誌が騒ぎはじめた。

医学が「廃用症候群」に注意を喚起しているのは、使わない心身の機能は衰退するからである。身体（筋肉）の機能は適度に使うと発達し、使わなければ萎縮（退化）し、過度に使えば障害を起こす。

2　「前期」をがんばれば、「後期」まで健康寿命は持つ

筆者は偶然ながら、「高齢前期」をがんばって生きた。だから、後期まで健康寿命が持ったのだ。筆者にとって、「前期」が「戦場」であったが故に、日々戦ってなんとか今日まできた。「楽」をして生きていたら今日の自分はなかったろう。

個人の体験を一般化できるか否かはわからないが、多くの高齢者にインタビューした中で、高齢者の「活動」と「元気」が連動していることは間違いない、と確信している。

それ故、筆者が提案してきた健康寿命のスローガンは、「社会から離れない」、「活動をやめない」、「楽をしない」の3点である。日本国の高齢者施策はこの3点に合致していない！　平均寿命と健康寿命のギャップが縮まらないのはそれが理由である。

この夏を十日も待たず死ぬ蝉が
ひたすら歌う
何の不満ぞ

3　葬式の心配より、いかに生きるかの心配を！
——死者は「千の風」になる

「成仏」は仏教が発明した概念である。成仏したあと、魂はどこへ行くのであろうか。成仏できない霊魂はこの世をさまよって、未練や恨みを残すと言われてきたが、「千の風になって」（メアリー・フライ、アメリカ）の歌の流行は「魂のさまよい」説を一掃し、葬儀の発想も、墓の文化も一変させた感がある。

筆者は中年期以降、葬式にも墓にもこだわらない人間になった。この思いは「千の風になって」によって、さらに拍車がかかった。子どもたちへの遺言には「葬式無用」とすでに書いている。

「千の風になって」が言うように、わが愛する人々への思いが、死後、「風」になり、「光」になり、「星」になり、「雪」になり、「小鳥」にもなり、残った人々を見守り続けるというのはうれしい発想である。この歌は、高齢者が恐れる寂滅の風景を美しい四季の風物に変え、死者の世界を優美な幻想の世界に変えてくれた。先日、ある公民館の「ノートレうたごえ喫茶」でご参加のみなさんと一緒に歌ってみたが、声がそろい、心がそろった感じがして感動的だった。この歌を信じれば葬式代の心配はいらないだろう。

朝の散歩で、川原の岸から私を見つめる小鳥は、先日亡くした愛犬ではないかと思ったりする。死者が見守ってくれると思えば、先祖を思い、父母を思い、高齢者はいかに生きたか、が問われる。

近年、葬式保険のような新商品が売り出されたが、高齢期は、葬式費用の心配より、いかに生きるかの心配をするべきであろう。「葬送の自由」運動は、「散骨」から「樹木葬」まで葬儀の概念を一変させている。問われているのは、残された子孫にとって、父母・祖父母がどう生きたかである。

4　時代も葬送の自由を主張し始めた

１９９１年に相模湾で第一回目の自然葬が行なわれた、という。「葬送の自由を進める会」は、市民運動を継続している。昨今では、宗教学者まで「葬式はいらない」と言い始めた（島田裕巳氏）。

墓地や葬儀に関する「葬送基本法」制定に向けた運動も展開されている。国会議員と一緒の勉強会も始まっている。

アメリカでは州単位に法律が制定されていて、ハワイ州やカリフォルニア州などの州法では、散骨に関する非常に細かい規定や罰則があるという。いずれにしても、死後のことは本人の自由にさせてもらいたいものである。

「お墓に入りたい人」、「お墓に入りたくない人」、いろいろな選択肢のある社会がくるような気がする。昔から日本人は、「空の星になる」と言ってきたのだから、「千の風になって」と同じ発想の土台はあるのである。

Ⅳ

75歳までの生き方が健康寿命を決める

1　わが高齢前期

もう一度
終わる命を試しておくれ
終る時まで試しておくれ

若者よ
自分探すな仕事を探せ
次の講義で言おうと思う

後期高齢者になって振り返ると、若い世代に伝達したいことが一つだけはっきりしてきた。それは「自分探しなどするな、仕事を探せ」ということである。心理学は「社会的承認」と言うが、それは「社会に必要とされて生きる」ということである。人間は社会的存在なのである。

令和に入って雅子皇后陛下が輝いていらっしゃるのを陰ながら喜んでいる。お元気の根本は「ご活躍の舞台」を得られたことであろう。皇后となられて、ようやく皇室外交の表舞台に出て、存分にその能力を発揮され、日本国に必要とされているからである。宮内庁も、医師団も、雅子皇后に活躍の舞台を提供しなかったことが、「適応障害」の原因であることに気付くべきだ。高齢者も同じである。求められて、活躍の舞台さえあれば、元気になる。

それ故、社会から遠ざかる「隠居・引退」は最大の危機なのだ。社会から離れれば、活動から離れ、「必要とされる場面を失い、心身の機能維持に不可欠な〝負荷〟を失う」からである。

健康寿命の核心は、表題のとおり、現役を引いたあと75歳までの「前期高齢期」の生き方にある。引退後を隠居文化の雰囲気でのんびり暮らしはじめたら「後期高齢期」まで健康寿命は、到底、持たない。

筆者の高齢前期は、一つの例証である。

58歳で仕事をやめたあと、第二の就職先もなく、老後の当てもなく、毎日、口が渇いて、息ができなくなった魚のような憔悴の日々を送っていた。「起きてから寝るまで特に何もなし」という川柳のとおりであった。行くところがなく、やることもなく、会う人も失った。友人たちの支えがなければ、間違いなく「うつ」の領域に踏み込んでいた。

退職後最初の半年は、今、思い返してもぞっとする。友人たちのやさしさと叱咤激励で、社会教育施設の図書室へ通い、研究会を思いつき、さらに毎月の小論文提出の提案を受けて、社会教育の研究者に立ち戻り、新しい目で文献を読み始めることができた。

健在であった妻の働きに依存して暮らすのも辛いので、昔の伝手《つて》を頼ってあちこちの講演を全力でこなすうちに人との出会いにも恵まれた。最初が福岡県みやこ郡豊津町との出会いであった。町長さん及び男女共同参画の課長補佐さんと意気投合し、10年間、町の男女共同参画を進め、学童保育への「教育プログラムの導入」を任せていただくことになった。筆者は町の顧問となり、1時間半の道を月2回、車を運転して通うことになった。かくして、前期高齢期の「負荷」が復活した。そのおかげで身体も頭も衰えを抑制することができた。高齢期の心身の機能は使わなければ、たちまちに衰えていくのである。

また、福岡県庁の友人がお膳立てしてくれた研究会は、福岡県立社会教育総合センターを会場に毎月1回のペースで始まった。筆者がそのつど、小論文を提出するように依頼され、それが勉学の習慣を支えてくれた。そのようにして社会教育の原稿も回を追うごとに溜まっていった。

こうして離職後1年で、ようやく第二の人生が始まり、「前」を向くことができた。「前」を向けば、よりよく生きたいとか、ほめてもらいたいという「承認欲求」が起こる。仏教は「煩悩」と言うが、この「欲」こそが生きるエネルギーの源である。心理学者はこの「欲」を「社会的承認の欲求」などと綺麗に言うだけのことである。

引退者の悲哀は「社会」と切れて、現役時代の活動舞台も、意欲も失うことである。社会に必要とされてこそ、「社会的承認」の機会も持ち得る。

社会と切れれば、「活動」とも切れる。当然「人」との出会いも薄くなる。筆者は研究者だから、職業以外で、社会とつながるためには出版の道があると途中で気付いた。研究会への論文提出で溜まった原稿を再整理し、編集し直して、東京の昔なじみの出版社へ持参してみた。ところがどの出版社でも、担当者から「退職後もがんばっていますね」などとほめられはしたが、出版は難しいという。「編集方針」が違うとか、「真面目で固すぎる」とも言われた。頭を下げて複数の関連出版社を紹介してもらい、門を叩いてみたが、結果はどこも同じで、ほめられはしたが、出版は受けてもらえなかった。

高齢者は、ここが「がんばりどころ」と意地を張って次から次へと飛び込みで新しい出版社も訪ねてみたが、4～5回当たって、みな答が同じであれば、遅まきながら爺さんも気付くのである。問題の核心は「オレが爺さんである」ということである。

要するに、「爺さん」の本は世に出しても商売にならない、ということである。すでに教員でなくなった以上、大学の教科書に使う可能性はなく、講演といっても「行商」をする気まではないであろう。爺さんは、すでに「この世の無用人」であり、社会との接点が希薄だと、世間は思うのである。

この経験で「隠居文化」の弊害に気付いた。藤沢周平の言うとおり、隠居は「無用人」である。出版社が無用人の本を出さないのは当然であった。まして、小生は中央から遠い、田舎のしがない研究者であり、しがない無用人であった。

2　めぐり逢った幸運

40代に学生時代の教え子たちと出したキャンプの研究書を思い出し、学文社の三原多津夫氏を訪ねたのが突破口になった。憤まんをぶちまける筆者の繰言を聞いてくれた三原氏は、原稿をお預かりします、とだけ言った。

しばらく経って、彼が合格点をくれた原稿は書籍となって世に出たのである。以後、何冊か爺さんの本を世に送り出してくれた。地獄で仏であった。彼は私と年令が近かったので数年でご定年を迎え、出版社を去った。

その後、数カ月も経ずして、新しい編集長と社長の連名で手紙が来て、「以後あなたの本は出版できないので悪しからず」というご挨拶であった。再び「無用人」に戻らざるを得なかった。

出版が続かなければ、高齢研究者は世間から忘れられ、消滅する。知人の瀬沼克彰桜美林大学名誉教授に依頼の手紙を書いた。なぜ彼に頼んだのか経緯はよく覚えていないが、東京・杉並の日本地域社会研究所（略称：地研）へ連れていっていただいた。頭を下げて、「なんとか世の中とつながっていたいのです」と社長の落合氏に懇願した。

氏は小生より年長（？）で、「生きる原則」をお持ちで、気性の激しい方のようであった。過去に、自分の助言に従わなかった各地の執筆者をこっぴどく批判し、いくつかの本を示し、「こんなテーマ、こんな帯だから売れないんだ」、と吠えるように叫んだ。私は、恐れをなして黙って聞いていた。

「３００部を購入して〝行商〟がヤレルか？」という趣旨のことを聞かれた。それが出版の条件であるらしい。「リスクはお前もとれ」と聞こえた。

販売を許してくれるかどうかは、講演の依頼主次第だが、もちろん、「やってみます」と即答した。

厳しい出版業界の中で、社長の作戦がわかった。この方はこうして生き残ってきたのだと納得した。当初の出版費用を著者に出させて、著者をセールスマンにも活用する。当然、著者もよいものを書こうと奮起する。著書が、売れれば会社の利益にも、著者の光栄にも通じる。両者にとってWin-Winの頭のい い戦略である。

「オレも戦ってみるしかない！　世の中へ出られるか否かは、自分の努力次第である」と、見切った。

後に「幻冬舎」も似たような戦略を併用していることがわかったが、当時は名前さえ知らなかった。出版もまた「縁」と「運」が作用している。かくして、老後の運命は「日本地域社会研究所」との共同作業に賭けることになった。

原稿料は初版を売り切って、第2版を出した段階でいただけるというものであった。不満はない！

おかげで今の「講演・行商」スタイルが成立した。書籍にもよったが、自分の行商で300部を売りつくして社長の信用も得ることができた。日経新聞に広告を出してもらったことも、日本図書館協会の推薦図書にしてもらったこともある。以後、「地研」のおかげで世の中とつながっている。高齢期を研究者として、講演と行商をしながら生きた。「賭け」は成功であった。

世のことは思い通りに
行かねども
生きて働くありがたきかな

3　平均寿命と健康寿命のギャップが埋まらない

平均寿命と健康寿命は、どちらも伸びているが、両者のギャップは埋まらない。健康寿命とは、「人間が心身ともに健康で自立して活動し生活できる期間」をいう。日本は、平均寿命が、香港に次いで世界第2位、健康寿命は世界一だが、両者の「差」が縮まらない。

原因は隠居文化にあると考えられる。日本社会では、「社会的務め」を終えた高齢者は保護やいたわりの対象となり、退職後の余生を楽に暮らさせてやりたいという発想が出発点になる。しかし、健康寿命を維持できなければ、彼らが老衰する人生の終末期には、個人的にも、社会的にも大きな問題が待ち受ける。

健康寿命の条件は3点、どれをとっても辛い。

①　自分のことは自分でできるか
②　行きたいところへ自分の力で行けるか
③　介護の世話になっていないか

両者のギャップは、女性で約12年、男性で約9年である。関係者の中には、この年数を「寝たきり寿命」と呼ぶ人もいる。全員が「寝たきり」であるはずはないが、健康を失い、自立を失い、社会や第三者に依存して生きなければならない晩年の無念と悲哀は、そこへいったことのない者にはおそらく理解を越えるだろう。

さらに筆者は、最近、生き残るのは「女性」であるという単純な事実に気付いた。女性は生きる力が男性より強く、結婚生活では夫より妻のほうが若い。日本の男は「若い女」が好きなのである。当然、夫は先に逝き、妻は残される。平均寿命の男女差は約7年、夫婦の平均年齢差は約3年である。男性は女性より、約10年早く死ぬのである。今年の研究会で「特養」の所長さんをお招きしたが、打ち合わせで施設を訪ねたとき、入所の大部分は女性であることに気付いた。生き残る女性は人生の試練にさらされる。

人生は80年時代、今では100年時代だという人もいる。長生きの核心は「健康寿命」なのに、現代日本の教育政策には健康寿命を維持する意識的な教育が足りない。また、高齢者の社会参画を推進する事業プログラムも決定的に不足している。

高齢社会問題は女性問題に集約すると言ったら、言い過ぎであろうか。

V

健康高齢者の観察と実証分析

1　前期高齢期を走り続けた友人たち

わが理論の傍証となるので、前期高齢期を走り続けた仲間や友人たちを敬意を持って、観察し続けている。「高齢前期」をがんばれば、「高齢後期」まで健康寿命を伸ばすことができるという仮説を少しでも証明したいからである。もちろん、現在、「前期」を生きている後輩の皆さんにも注目している。彼らが気を抜けば、後期に倒れるだろうという予測があるからである。

当面、筆者の観察・実証はまちがっていないと感じている。カバン職人のK君は、中学校以来の友人である。中卒で浅草のカバン職人に弟子入りして、昔風の「丁稚奉公」で手に職を付け、最終的には自立してカバンづくりの職人として生涯を生きた。60数年も前になるが、大学受験に失敗した筆者を時々東京に誘って慰めてくれたものである。60歳になったとき、そろそろのんびりしようかと思っている、と賀状をくれたが、筆者は、猛烈に反対して、職を続けるよう懇願した。筆者には、自分自身を顧みて、「早い引退は危ない」という予感があったからである。K君は聞き入れてくれて78歳まで元気に現役を続けた。身に合った職業を続けることは健康寿命を延伸すると信じている。

札幌のTさんは銀行を引いた後、思い立って立命館大学の大学院に進学し、経済学の博士号まで取った。驚くべき勤勉な高齢者である。以後、過去の経験を生かして中小企業の社長業などを務めるかたわら、何冊かの本を執筆した。その過程で筆者も分担執筆者として参加させていただいたことがある。昨年は、福岡の研究大会にまでご参加いただき、未だに意気軒昂、新しい執筆に取り組んでいると便りをいただいたばかりである。探求を止めないTさんのお元気もまたわが手本である。

下関市のNさんは、専業主婦だったが、ボランティアで高齢者のリハビリグループを支えて活動を続けていらっしゃる。「再起会」というグループの支援をなさっていたときに、社会教育の縁でめぐり逢った。彼女の引き回しで、筆者もリハビリグループに関わるようになり、皆さんの声を筆者なりに翻訳して、高齢期の健康カルタを共同で作成した。拙著『高齢期の生き方カルタ』（日本地域社会研究所、２０１９）は、このときの成果を補修・再編集して出版したものである。Nさんは多様な活動を続けるなかで、日野原重明氏が設立した「新老人の会」のメンバーとなり、日野原氏逝去のあとに設立された「新エルダリーの会」の会長になった。御年85歳、夫君亡きあともかくしゃくとして活躍中である。

このとき作成したカルタの絵は、小郡の俳句同好会の会長であったSさんのお骨折りで、山口芸大の学生さんが協力してくれた。Sさんも、ブリヂストン、山口県きらめき財団を経て退職後に独自の歴史講座を10年間続けられ、小郡の社会教育に貢献された。今ももちろんお元気で、さまざまな大会でお目にかかっている。

沖縄県那覇市のO先生は、未だよちよち歩きだった中国・四国・九州地区生涯教育実践研究交流会の初代実行委員を引き受けてくださった。地域との共同を模索していた大会にとっては救いの神であった。沖縄県教委の社会教育を担当され、後に小学校の校長を務められ、最後は沖縄県婦人会を率いて、会長を務められた。山口市で行なわれた「地域婦人会の全国大会」で、満座の聴衆を前に、「日本の教科書から沖縄戦の記述を消してはならない」という名演説をなさった声は今でも耳に残っている。体育がご専門で若い日に負荷をかけ過ぎて、膝を痛め、近年は杖をついておられたが、先輩は、とうに80歳を超えたはずで、そのお元気には脱帽である。福岡の生涯教育実践研究交流会は、今年で39年目を迎える。「まだ、がんばっていますね！」とお顔をお見せになる日を楽しみにしている。

長門市のHさんは、お亡くなりになる直前まで、毎日曜日の早朝に、地方のラジオ局のディスクジョッキーを続けられた。世間を対象とし、一般住民に働きかける社会教育は週末の大会が多い。Hさんは土曜日の遅くまで、情報交流の懇親会に付き合い、かならず車を運転して長門まで帰る。翌日曜の朝から、ラジオ放送を担当するからである、筆者も2度ほど放送のお付き合いをしたが、ラジオ局への集合は、早朝6時過ぎであった。毎週の話題を集め、話題に関する資料の研究を怠らず、音楽の選定にまで心を砕いていた。筆者より6歳も先輩であったが、惜しくも昨年世を去られた。Hさんもまたわが憧れのモデルである。

最後は、今も一緒に社会教育の活動を共にしている飯塚市のM・Mコンビのお二人である。第一のMさんは、福岡県庁の社会教育行政を退職後、旧穂波町の教育長を務め、続いて合併後の飯塚市の教育長も務めた。彼の人生に職業上の「空白」はない。現在は、飯塚市の青少年教育施設「サンビレッジ茜」の理事長である。途中2度ほど危険な病気で倒れられたが、そのつど、見事に生還した。Mさんの働きぶりは後期高齢期まで途切れがない。それこそが彼の健康寿命を支えていると観察している。

第二のMさんは、県庁を退職後、70歳まで私大の教授を務め、その後は飯塚市の古巣、生活体験学校の運営に携わっている。日本の「通学合宿」の草分けである。御年80歳になる。先日は、85歳まで生活体験学校を「指定管理」するNPO法人の理事長を務めると意気盛んであった。やり遂げられるはずである。

筆者も79歳になった。老衰は進んでいるが、まだがんばれば、日常のことも、執筆もできる。長い先のことまで目標を決めることはできないが、あと1年、80歳まで現役を貫くことが現在の目標である。そのあとは人生のおまけと心得ているが、適切な負荷をかけ続けることができるか否かで勝負は決まる、と考えている。手入れと労働を怠れば、健康寿命は持たない。

日本の高齢者には、この事実を喚起する生涯教育が決定的に重要である。「生活不活発病」は、生涯学習だけでは止められない。教育行政は、人間の「快楽原則」の特性を甘くみてはならない。放置すれば、われわれ人間は「易き」に流れるのである。高齢者教育を通した現在の10倍の呼びかけが不可欠である。わが古巣ながら、文科省の人間観察の鈍さはあまりにも情けない。

2　高齢者もほめられたくて生きている

認められたくて生きているのは、子どもだけではない。爺さんも同じである。婆さんも同じであろう。子どもの場合、ほめてやれるように、環境を整え、モデルを見せ、プログラムに導いてやることができる。しかし、日本の高齢者には、活動の舞台がなく、ほめられる機会が圧倒的に少ない。高齢者は、まず、「あの人に認めてもらいたい」、「あの人にほめられたい」という人を見つけなければならない。「あの人」の代表が「世間」である。現代日本の世間は、行政が担っている。それ故、政府や地方自治体は、元気で、社会貢献を続けている高齢者を認知、顕彰する仕組みをつくるべきだ。

一方、高齢者も、世間に認めてもらえるように自分で工夫し、自分を律しなければならない。われわれ高齢者には、親も、先生もすでにいない。筆者は社会教育にめぐり逢って幸せであった。選り好みをしなければ、社会的活動に定年はない。必要とされればどこへでも出かけていく。役に立てれば、感謝もおほめの言葉もいただける。それがどれくらい励みになるか、若い世代には想像もできまい。後期高齢期の元気は、社会から離れず、活動から離れず、適度の「負荷」をかけ続けることである。

3　カギは適切な「負荷」

すでに指摘した通り、健康寿命のカギになる概念は、「廃用症候群」――「オーバーローディング法」――「生活不活発病」の3点である。

廃用症候群は、「身体の不活動状態により生ずる二次的障害」である。要因は、「動かないこと（immobilization）」、「運動不足（inactivity）」、「寝てばかりいること（bedrest）」と言われている。結果的に、「動かないこと」は、急速に、日常生活の「自立度」を低下させる。

（1）原因は2種類あるといわれている

第一は、体調が悪くて動くことが困難な場合である。痛み、息切れ、うつなどが考えられる。
第二は、外的原因である。例えば、ギプスによる固定、安静の指示などが考えられる。

(2) 歩かなければ歩けなくなる

使わない筋肉は、生理体が不要と判断するのか、たちまちに筋力の低下が起こる。医者は、「筋萎縮（骨粗鬆症）」を引き起こすとも言う。筆者にとって、冬の朝は辛いことだが、歩けなくなる恐怖で早起きをして散歩を欠かさないようにしている。ひとり暮らしで歩けなくなったら、生活を支えてくれる施設へ行くしかない。

わが散歩道の行く手の川辺公園にはラジオ体操グループが集まって体操をしている。大半は高齢者である。時々、顔見知りから「寄っていきなよ」、と誘われて一緒にやることもあるが、年寄りの雰囲気に巻き込まれると、気合いも体操も物足りない。

筆者はもっぱら「大股」「ユックリ」歩行を心がけ、行き交う人に挨拶を欠かさぬようにして、ラジオ体操より散歩を優先している。周りに人がいなければ、大声で「田圃カラオケ」を歌う。散歩途中の歌は、「腹式呼吸」や「発声」の練習も兼ねている。声が通ることは講義をする者の第一条件である。

道々、「うつむき加減で、小股歩行の散歩者」に出会うが、こうした人々の多くは、挨拶ができないか、あるいは、蚊の鳴くような細い声しか出ない。くわばら、くわばら。本人に自覚はないだろうが、あれでは歩いても、血流循環の助けにはなるまい！　うつむいて、小股でしか歩けないのは、「ボケの一歩手前」だと言われる。だから、「他山の石」として、ユックリ、大股、挨拶、田圃カラオケを心がけている。

（3）姿勢が悪くなる

医学書の説明では、動かなければ「筋蛋白質」は合成できなくなり、また、分解も早まるという。その結果、姿勢の保持や歩行のとき、重力への抵抗力が減る。毎日、数秒間最大張力の20～30％の強さの筋収縮を行なうことで筋力維持が可能になるそうだ。最後まで歩きたければ「スクワットを欠かすな（＊）」という助言はそういうことなのであろう。運転免許の返納以来、筆者は、自転車移動の際に、坂道を全力で駆け上がるように務めている。過去1年で、太ももはだいぶ鍛えられた感じである。ちょろちょろした運動（20％未満の負荷）では、筋力は維持できないという。3～5週間も「寝たきり」を続ければ、50％の筋力低下が起こると書いてあった。恐ろしいことである。

＊　小林弘幸『死ぬまで歩くにはスクワットだけすればいい』幻冬舎、2017年

（4）疲れやすく、持久力が低下する

加齢の結果でもあろうが、鍛えることをやめたら、持久力は確実に低下する。疲れやすく、集中力も落ちる。息切れも早まり、心肺機能が落ちていく自覚症状も深まる。冬の間は、特に、運動量が落ちるので、散歩しただけでも「脱力感」でぐったりしている時間が長くなる。筆者は未だ、起立性低血圧、めまいや失神症までは経験したことはないが、近い将来の時間の問題であろうと予感している。

運動を怠れば、血流が停滞する。そうなれば、「血液凝固を亢進させ、静脈血栓が生じる」などと書かれると不安である。義理の父は、「血栓」で亡くなった。欲張りだが、筆者はもう少し、現役でいたい！

（5）誰にでも起こるのなら、なぜ高齢者教育に力を入れないのか

廃用症候群は、身体を不活動状態にするならば、誰にでも起こりうる、と書いてあった。病気や寝たきりだけが原因ではないということだ。それゆえ、「生活不活発病」という名称が生まれたに違いない。生活不活発病とは、文字通り、「動かない生活」、「動き足りない生活」が原因で起こる「不調」の総称である。「不活発な生活」が続くことにより心身の機能が低下して、「動けなくなる」ことをいう。

この15年、日本は、自然災害時に避難所で暮らした人々の生活から重要な教訓を学んだ。災害時の避難所で、生活不活発病——廃用症候群が多発することは新潟県中越地震（２００４年）以来知られていることである。その重要性は行政的にも認識され、厚生労働省から災害時に「生活不活発病予防」に関する注意喚起のポスターやチラシが貼られるようになった。

だが現実には、生活不活発病に関する認識・啓発・対策は、一般国民にも

専門家にも、また、地域行政においても不十分である。それゆえ、東日本大震災においても多発し、その後の平成24年九州北部豪雨（大分県、２０１２年）、平成28年熊本地震（２０１６年）でも発生が確認されている、という。

自由に動けなくなり、生活が不活発な状態が続くと心身の機能は低下しがちである。「動かないこと」、「動き足りないこと」で「生活不活発病」となることが明らかになったのである。実は、この生活不活発病は、災害時だけのものではなく、むしろ高齢化が進む平常時において、大きな課題である。隠居文化は高齢者に「引っ込んで静かに暮らせ」と言っている。社会から離れれば、高齢者はやることが減少し、行くところを失いがちになる。

それがわかっているのに、なぜ生活不活発病の予防教育にもっと大々的に力を入れないのか。健康寿命の延伸には、高齢者教育こそが重要なのである。高齢者の医療や介護で国家財政が逼迫しているのは中学生だってわかっている。消費税を上げるだけが能ではなかろう！　政治家や文科省の「感度」の悪さには呆れるばかりである。

筆者自身についても、従来、自分で行なっていた掃除や炊事などが年々億劫になってきている。高齢の方や持病のある方が買い物などができなくなり、日常の世話をボランティアに依存する生活が続くと、生活不活発病を起こしやすい。これは避難所暮らしと同じ現象である。

（6）「動かない」と人は病む（＊）

前にも引用したが、人間、特に高齢者は、動くことをやめると病気になる。それが生活不活発病である。この病気は、「心身機能」、「生活活動」、「社会参加」の低下が相互に関係し、悪化していくと考えられている。英語の言う「Disuse Syndrome」。直訳は「使わない症候群」である。心身の機能は「使わなければ、使えなくなる」。リスクの高い人では、まず心身機能全体が低下し、それにより生活活動が困難になる。そうなると、家庭内の役割や社会参加の範囲も狭くなり、さらに生活が不活発になるという悪循環に陥りやすい。他の方々との交流が途絶えれば、言葉さえ失う。使わない機能は、使えなくなるからである。

特に、引退した高齢者は生活が不活発になりやすく、いったん、心身の機能低下が生じると悪化しやすい。また、地震などの災害による環境の変化は、社会参加の阻害条件として、大きく生活機能低下につながりやすい。

＊　大川弥生『動かないと人は病む』講談社現代新書、2013年

Ⅵ

素人が読む医学書
——健康理論の基本は何か

我が老いの想いを
君に届けんと
戦に向かう人の歌読む

高齢期は戦場である。懸命に生きてきたが、気がつけば、戦友が次々と倒れていく。われわれの「武器」は、「養生」と「健康知識」である。かつて、中央大学の学生たちは、学徒動員で戦場へ行く友人を送るため、島崎藤村の詩を借りて「惜別の歌」を歌った。老いの身に3番の歌詞は切実に身にしみる。

君がさやけき目のいろも
君くれないのくちびるも
君がみどりの黒髪も
またいつか見んこの別れ

「若者たち」の歌と同様、彼岸へ行く高齢者の道も果てしなく遠い。「だのになぜ　歯を食いしばり　君は行くのか　そんなにしてまで」と聞かれるが、高齢者もまた、人生の戦士だからである。学徒兵が家族や国を思って旅立ったように、高齢者もまた家族や人生を振り返りつつ旅立つのである。

この期間、さまざまな医学書や健康関連書を図書館から借り出して読んだ。医者には医者の論理があり、医学以外の専門家にもそれぞれの論理があって、引きずられるといくら時間があっても足りない。

当然、筆者にも筆者なりの読む視点があるので、素人の視点で参考書のいう健康原理を整理してみた。自分の身体の最後は自分で判断するしかなく、自分が納得できなければ、養生の実践もしないからである。

筆者が理解した、カギになる視点は、「血流」、「呼吸」、「自律神経」、「栄養」、「睡眠」、「運動」、「筋肉」、「バランス」などであった。

1　第一は「循環」――気功とヨガの呼吸論

「血流」や「呼吸」を重視する専門家の論理をつないでいくと、「循環」にいきつく。栄養のバランスや運動や筋肉が大事なのも、最終的に健全な循環を司るものだからであろう。気功の専門家は好きなように身体を動かせと言っているが、これも身体のどこかに「邪気」（自分に合わない気）を滞らせるのは、循環の妨げとなり、危険であるということだ。中国人の気功師の盛さんは、このことを「自発動功」と言っている。「自発動功」とは、自由に身体を動かすことによって自然治癒力を一気に高める方法で、身体の内側からの要求、衝動に身を任せて自由に身体を動かす方法である。「自発」が基本だから、自分が感じることが肝心である。歳をとるとそういう思いが自然にわかるようになる。不思議なことである。

自分の身体に邪気などのいらないものが溜まっている場合、身体は、「不要物を身体の外に出す動きをしたい」（＊）というのが理由である。

広くいえば、これも循環の発想なのだろう！　筆者は、自ら工夫して行なっている「ノートレビックス」こそ、気功のいう「自発動功」であると自画自賛している。

また、ヨガのインストラクターの森田氏は、われわれは、生まれて以来、呼吸をしてきたが、呼吸の仕方を教わったことはなかったという。言われてみれば、そのとおりだ。ヨガもまた、呼吸による循環の重要性を指摘している。彼女の指摘で、筆者の注意を引いたものは次ページからの３点である。

＊　盛鶴延『気功革命』コスモスライブラリー、２００５年、２１０〜２１１ページ

（1）呼吸法は習ってこなかった

私たちは、生まれて以来、呼吸はしてきたが、呼吸法は習ってこなかった、という。しかも、「深呼吸」と「大呼吸」は違うそうだ。ラジオ体操や学校の整理運動で、「胸を大きく開いて深呼吸」というのは、「大呼吸」であって、「深呼吸」ではないという。「大呼吸」では、大きく息を吸っても、身体の深部まで届かない、と指摘する。「深呼吸」では身体に力を入れてはいけないという。ヨガもまた、身体の隅々まで息を行き渡らせる、よい「循環」は自然治癒力を高めると指摘している。それでは、どう呼吸すればいいのか。

（2）人それぞれの呼吸法——丹田呼吸法

当然なのだろうが、人にはそれぞれの呼吸法があるので、呼吸法を習いながら自分で工夫することが大事だという。そこで彼女が提案するのは、**「丹田呼吸法」**と呼ばれる呼吸法だ。

●丹田呼吸法

仰向けになって足は軽く開く。
丹田はへそから指4本下。
指3～4本で丹田を、痛くない程度に垂直に押す。
指を押し返すように、ゆっくり鼻から息を吸う。
同時に「仙骨」から腰を床に押し付けるようにする。
※仙骨は骨盤の中心、腰の下の部分→丹田の部分だけをふくらませる、胃やおしりには力を入れない。
息を吸いきったら、口からゆっくり吐いてゆく。
※5～8秒かけて吸い、10～20秒かけて吐いて行くのが理想、日常は5～10分やれば、十分。（＊）

小生も寝る前に実験を始めているが、気のせいか、普段より深く眠っている。

＊　森田愛子『深呼吸のレッスン』ＰＨＰ研究所、２０１６年、１６６〜１６９ページ

（3）小笠原流も、呼吸は人を変えると指摘している――カギは「腹式呼吸」

呼吸法の重要性については貝原益軒先生も言及しており、現代医学でも、新潟大学教授、安保徹氏の免疫理論で証明済みである（＊1）。

また、小笠原流が強調するのは「腹式呼吸」で、「吐く時はとくにユックリ」と指摘している（＊2）。

身体のすみずみまで息をいきわたらせることで、疲れにくくなり、抵抗力も増すのだという。

無に帰すと
思えば老いの独り身も
まだ花もあり風もそよげり

＊1　安保徹『免疫革命』講談社＋α文庫、2011年
＊2　小笠原清基『疲れない身体の作り方』アスペクト、2014年、139ページ

2 「脳」には「循環」が不可欠である

(1) 歩けば脳が活性化する(*)

この小見出しは、有田秀穂氏の著書のタイトルである。著者は脳内物質セロトニンの効果に注目している。脳の働きを活性化するホルモンである。セロトニンは歩くことでセロトニン神経を活性化させ、新しい自分に出会わせるという。空海をはじめ、荒行に挑戦する人々の体験は、荒行に耐えた向こうに新しい自分がいたと言っているそうである。お遍路さんが歩くのも、心と身体のリハビリを通して、人生の新しい局面を開こうとしているのだと想定している。歩くことの科学にはまだまだ知られていないことが多いようだ。

* 有田秀穂『歩けば脳が活性化する』WAC、2009年

（2）脳を鍛えるには運動しかない（＊）

一方、アメリカの研究者も、運動が脳機能の保全に効果的である、と断言している。こちらは、脳内の血液の循環を保持することを重視し、認知症予防には、単なる「ノートレ」だけではだめだと言っているのである。

２０２０年の第15回山口大会で発表された福岡県大川市の「特養 永寿園」の総園長、山崎律美先生の実践報告でも、園が実践する認知症治療・予防のための「学習療法」は運動を組み合わせて効果を上げているということをお聞きした。

アメリカの研究成果は、話半分に聞いても運動効果が絶大であることがわかる。次にあげる3点は「運動が脳に与える効果」である。

① 運動させた子どもは成績があがる
② 運動でストレスやうつを抑えられる

③　運動を週2回以上続ければ認知症になる確率が半分になる（＊）

それ故、中年期から高齢期にかけて、運動しない人はえらいことになる。散歩、スクワット、演歌エアロビクスなど、一生懸命運動を続けている小生としては、この研究成果が真実であることを祈るばかりである。

＊ジョン・J・レイティ、エリック・ヘイガーマン共著、野中香方子訳『脳を鍛えるには運動しかない』NHK出版、2009年

3　「養生」の基本は「バランス」

（1）「中」を守るべし

あらゆる健康指南書が、最後には「ほどほど」、「バランス」の重要性を指摘している。運動も、栄養も、睡眠も、われわれの「健康意識」も中庸を守ることが大事である。どの健康要素も、足らなければ、どこかに問題が生じ、多すぎても、結果は毒になる。「養生の道は、中を守るべし」（貝原益軒）のように、古人もすでに喝破している。

健康の基本は、すべてほどほどがいいのである。健康へのこだわりもほどほどがいい。「健康おたく」になるな、という助言もあった。過激な食育論が多すぎ、過信している運動論も多すぎるという。健康論そのものも多すぎ、介護予防論は巷にあふれ、サプリメントの広告も多すぎる。長すぎる助言・多すぎる広告は無視するに越したことはない。本書も「余計なこと」と思われないように、簡潔にまとめていこう。

(2) 健康は「投資」、投資法は「バランス」

健康は「投資」であって、その投資法は「バランス」であると言い切っているのは中村雅美氏である(*)。著者は日経新聞の科学部に所属し、日経サイエンス編集長も務めた。仕事柄、多くの文献や事例に接したことが伺われる。

筆者が本書を要約すれば、結論は次の二つ。「健康投資論」は、生涯教育は投資であるという論理につながり、高齢者教育の政策理論の根底をなす。投資には、「金」と「時間」と「専門家の助言」がいる。今からでも遅くはないのだから、社会教育、学校外教育を復活させ、健康教育への投資を始めるべきである。バランス論は古今東西の学者が解いているとおりであろうが、グルメだ、バイキングだと騒いでいる現代の日本人は大丈夫だろうか。

＊　中村雅美『100歳までの健康の知恵』日本経済新聞社、2013年、「投資」：30ページ、「バランス」：64ページ

（3）食い過ぎこそあぶない！

i　そのひとクチがブタのもと（＊1）

わが身を省みて、思わず笑ってしまった。翻訳がうまいので、書名に引かれて読んでみた。英語の原題は、『Mindless Eating』（「分別なき食事」）という。一番共感したのは、助言が多すぎるからダイエットができないという指摘である。助言は、3つぐらいでちょうどよいのだ。3つなら守れるだろうという指

摘であった（216ページ）。その通り、納得である！

ii　食べない健康法

『そのひとクチがブタのもと』を読みながら、同類の本にめぐり会った。『「食べない」健康法』である（＊2）。

若いころから、食い過ぎは、筆者にとって最大の難敵であった。

筆者は食い過ぎると、たいてい体調がおかしくなる。寝不足と大食いは筆者にとって日常のリズムを崩す最大の要因である。それ故、本書のタイトルに引かれた。本書の助言は、医師自身が実践に応用したもので、少食の効用を裏表紙にまとめてくれている。（　）内の感想は小生の実感である。

①　少食により寿命が伸び、老化予防の効果がある

②少食はガンのリスクを減らす
③少食は免疫力を向上させる
（ここ数年、風邪をひいていない）
④少食により頭脳が明晰になる
（食べたあとは何も書けない）
⑤少食により大小便の排泄がよくなる
⑥少食により身体のだるさが取れる
（食べたあとは動きたくなく、事実、動けない）
⑦少食により性欲が強くなる
⑧少食によりストレスに強くなる
⑨少食により運命が開ける

「性欲」の部分と「運命が開ける」という部分は、小生には、実感がない。少食主義は医師本人も実践し、証拠を示す文献も豊富である。一読の価値がある。

＊1　ブライアン・ワンシンク、中井京子訳『そのひとクチがブタのもと』集英社、2007年
＊2　石原結實『「食べない」健康法』東洋経済新報社、2008年

（4）自律神経のバランス

医学上の理屈は、小林弘幸先生の説明が最も理解しやすかった。先生の著書は、『死ぬまで歩くにはスクワットだけすればいい』（＊）である。

小林先生も基本は、循環を重視するバランス論者である。スクワットを強調する理論の根底は、「筋力低下を防ぎ→血流を促し→自律神経のバランスを整える」ということである。スクワットには、足腰をきたえるだけでなく、免疫力向上、認知症予防、尿漏れ防止、便秘改善、心を前向きにする作用などたくさんの驚くべき効果が隠されている（裏表紙）という。

老化の３大変化は筋力、血流、自律神経から始まると書かれている。

具体的には、

①　筋力低下
②　血流悪化
③　自律神経のバランスの乱れ

の３つである。

しかも、基本は筋肉だ。「老いは足腰の衰えから」という昔の言い伝えは正しいのである。

図解的にいえば、第一に下半身の筋力低下↓したがって、下半身の筋肉が司る「血液を心臓へ戻すポンプ機能」の低下が起こる↓血流が滞れば、次のことが起こる。

水分を保てない
酸素・栄養を届けられない
老廃物を回収できない
免疫細胞を届けられない
体温を維持できない

こうした諸々のことが起これば、やがては、動機、息切れ、冷え、むくみ、心臓病、糖尿病、骨粗鬆症などの原因になる。

そして、「血流」や内臓器官をコントロールするのが「自律神経」だという。

自律神経は、交感神経（アクセル・緊張・ストレス）と副交感神経（ブレーキ・リラックス）の二つから成り、両者の機能がバランスよく、共に高いレベルで作用すると、身体と心が最もよい状態で働く。このとき、「副交感神経」のポイントが「呼吸」だそうで、呼吸が深いと自律神経のバランスが整い、血流が整うという。こうして、森田氏の言う「深呼吸」というヨガの発想にも通じているのである。

＊　小林弘幸『死ぬまで歩くにはスクワットだけすればいい』幻冬舎、2017年

(5)「前向き」と「ほどほど」だけでいい(＊)

ある本に次のように書いてあった。

「健康長寿は毎日の積み重ねである。

われわれが診察に関わっている健康長寿者のなかに、サプリメントを飲んでいる人は一人もいません。キチンと食事をし、たばこはやらず、酒もほどほど、……(中略)……。適度な運動をし、良好な人づき合いをもち、小さなことにく

よくよせず、人生を前向きに考えている人ばかりです。……（中略）……。皆さん、口を揃えて『長寿の秘訣などというものはない』と言われます（94ページ）」

だったら、いろいろ言わないで、余計なことは書かなくていい。

＊　徳田安春、岸本暢将、星　哲哉『病気にならない健康生活スタイル』西村書店、2007年、94ページ

4 「負荷」に耐える教育

(1) 鍛練がカギ、「負荷」がカギ

80年近く生きた実感からいうと、真の問題は、健康法ではなく、現代教育の中身だと思う。人権と主体性の時代がきて、幼少者にも高齢者にも、彼らの「好き嫌い」を優先して、「負荷」をかけることを回避する教育をやっている限り、いくら食事や運動や噛み合わせ健康法を説いても効果は出ないでしょう。医師の説く健康要素は、それぞれに極めて大事だと思うが、「生きる力」を向上させる核心は修行と鍛錬であって、医学が説く健康法だけで解決できることではないのである。

とくに、筋力やストレス耐性は、若いときから、修行と困難に耐えて、欲求不満耐性を鍛えるしか方法はない。要するに、現代の日本人は、心身ともに鍛

え方が足りないので、病気や困難に対する抵抗力が低いのだ。食事や運動など知識や技術論だけで解決できることではないのである（＊）。

＊ 丸橋賢『生きる力』紀伊國屋書店、2007年、215〜248ページ

(2) 鍛練とは、使って、鍛える

この五日
訪う人もなくわれひとり
炊事洗濯庭掃除不思議なるかな満たされている

夢中で働いているときは、不満も不平も感じない。不思議なことだ。心身の機能をフル活用して気分も爽快である。

「廃用症候群」や「生活不活発病」は、心身の機能の衰えは使い方次第であると言っている。おおもとの、スポーツ生理学に応用されたドイツのルー先生の３原則は、「使い過ぎたら壊れる」、「ほどほどに使うと進化する」、「使わなければ退化する」というものであった。

問題は使い方の程度の判断である。大人になったら人生を決めるのは「頭」だ。頭は人生の司令塔である。司令塔を失えば、あらゆる健康指導は崩壊する。強度の認知症をみれば明らかなように、人生も崩壊する。使わなければ、使えなくなるのは運動能力や筋肉だけではないのである。ボケに象徴されるとおり、高齢期の頭も使わなければ、たちまち使えなくなる。佐藤氏は脳が定年すると言っている（＊1）が、「脳が定年する」とは、「頭を使わなくなる」ということだ。使わなければ、頭の「廃用症候群」を誘発するのである。

愛知県扶桑町の河合共久教育長が始められた、市民聴講制度（＊2）の最大の効用は、聴講する高齢者が頭を使い続けることにある。使わない頭は、だんだん使えなくなる。油断すれば、定年が「定年する脳」につながるという発想は、ボケを考える上で、最も重要だと思う。

＊1　佐藤富雄『定年する脳　しない脳』Nanaブックス、2009年

＊2　市民聴講制度の論理と仕組み
愛知県扶桑町の事業及びこれに倣った福岡県那珂川町、古賀市などの事業要項を要約すると、制度の理念と仕組みは以下の通り。
（1）本事業によって学校は、学校の教育力を市民に開くことができる。
（2）学習指導要領や授業時数ほか諸々の制約のある中で、学校ができる数少ない地域貢献の方法である。
（3）市民の自己選択を基調とする生涯学習施策によって、生涯教育体系から外れてしまった小中学校を、再び生涯教育の体系の中に位置づけ直すことができる。
（4）学校への地域住民の参加は、学校教育の理解を一層促進し、子どもの安全管理も向上する。
（5）高齢者の生きがいを向上させ、老衰を防止する。

（6）市民学習者がモデル効果をもたらし、同時に世代間交流をつくり出す。
（7）工夫次第で教室は覚醒し、市民受講生は運営の一助と成り得る。
（8）「受講生心得」を遵守させることで、想定されるデメリット面の予防は可能である。
（9）特別な予算は不要である。

5　最後は自然治癒力、寿命次第か

世の中に出ているこうした本には、助言や説明が山ほどあって、読みすすめる間にうんざりすることもあったが、ある医師が指摘する「自然治癒力」論で、同感のところを抜き出すと次のようになる（＊）。

①　クスリの飲み過ぎが自然治癒力を下げている
②　何ごとに対しても積極的であることで、自然治癒力は高まる
③　好きなものを食べる
④　一日3食とは限らない
⑤　ストレスに立ち向かう姿勢が自然治癒力を高める

だったら、小生には、今のままの暮らし方でいいのだろう。

薔薇を切り紫陽花を切り
小手毬も
先の分らぬ春ではあるが

迷いなく花鳥風月を楽しめるときは、心身ともに健康で充実している。しかし、それだけでは満たされないときがくる。人間の業とでも言うほかない！　京セラの創業者、稲盛氏が「働きなさい」というのはこのときであろう。必要とされて、働いてさえいれば、憂いは迷い込まない。これまた社会的動物としての人間の不思議である。

＊　帯津良一『病気を治す自然治癒力の高め方』現代医学出版、２００９年

6　まとめは「益軒」先生の言葉（＊）

多くの医者が貝原益軒先生の養生訓を参考にしている。だから、筆者も医者の本をかたわらに置いて養生訓を拾い読みしてみた。何よりも助言が短いことが素晴らしい。簡にして要を尽しているので、暗記することさえできる。

①　養生の道は、病いなき時に慎むにあり

迫力のある一言である。元気なときにがんばって、病気予防の生き方をせよ、と言っているのだ。小生が書いた「手入れをしなければ、田畑は荒れる」と意味は同じだが、さすが、迫力が違う。「聖人は未病を治す」とも言っている。普段の健康意識・健康習慣が大事であるということである。

② 養生の道は、つとむべきことをよくつとめ、身を動かし、気をめぐらすをよしとす

「手入れ」の方法は、「頭を使い」、「身体を使い」、「気を使う」ことです。現代では、「読み、書き、体操、ボランティア」でいいのです。

③ 「道を行ない、善を楽しめ」、「身に病いなく、快く楽しめ」、「命長くして、久しく楽しめ」

最後は益軒先生の三楽説。「健康・長寿・ボランティア」ということだろう。高齢社会の三楽目標は、「健康寿命、社会参画、生涯現役」と訳したいが、いかがだろうか。

④　人の身は気をもって生の源、命の主とす

小生は根性論・耐性論者であるから、正しく納得！　養生訓を読み返すきっかけをいただいた。

我が愚痴に
バカを言うなと返事来る
ココアを入れて君を待つかな

風たちて君を想えり
葉が落ちて君を想えり
病いに似たり

身近で見守って、叱ってくれる人がいれば、生きられる。男は女に、女は男

に見守られて生きる。神様は人間をそのようにつくられたのに相違ない。

＊　下方浩史『「養生訓」に学ぶ！　病気にならない生き方』素朴社、２０１３年

あとがき――「人は速く動いている時は悩めない生き物」（＊）

右は、１０５歳で逝去された日野原重明先生の言葉である。ストレスが原因の心身症が蔓延している時代。まさしく健康達人の言葉だ。夢中で生きていた時代にノイローゼなどはなかったろうと思う。全力疾走しているときに悩んでいる暇はないからである。さすが、１００歳を超えてなお活動を続けられた人の言葉は、簡にして、重みがある。

我老いて
風吹く如く生きないか
花散る如く死ねないものか

自然の如く朽ち果てたいとは、贅沢な願いである。生老病死の高齢期、そうは問屋がおろすはずはない。歳をとるほど、日野原先生の助言の如く、世の中に参加して、「速く動くこと」を心がけて生きるしかない。

＊　日野原重明、「人は速く動いている時は悩めない生き物」〜安保徹監修『祝・還暦六十歳からの心と体のメンテナンス』健康ジャーナル社、２００７年、17ページ

著者紹介

三浦清一郎（みうら・せいいちろう）

月刊生涯学習通信「風の便り」編集長。アメリカ合衆国西ヴァージニア大学助教授、国立社会教育研修所、文部省を経て福岡教育大学教授、この間フルブライト交換教授としてシラキューズ大学、北カロライナ州立大学客員教授を歴任。退職後、九州女子大学・九州共立大学副学長。平成12年三浦清一郎事務所を設立。

主な近著に、『子育て支援の方法と少年教育の原点』（平成18年）、『市民の参画と地域活力の創造』（平成18年）、『変わってしまった女と変わりたくない男』（平成21年）、『自分のためのボランティア』（平成22年）、『未来の必要——生涯教育立国の条件』（編著、平成23年）、『熟年の自分史』（平成24年）、以上学文社発行。

『明日の学童保育』（平成25年）、『「心の危機」の処方箋』（平成26年）、『国際結婚の社会学』（平成27年）、『教育小咄——笑って、許して』（平成27年）、『詩歌自分史のすすめ』（平成27年）、『「消滅自治体」は都会の子が救う』（平成27年）、『隠居文化と戦え』（平成28年）、『戦う終活——短歌で啖呵』（平成28年）、『子育て・孫育ての忘れ物』（平成28年）、『不登校を直す　ひきこもりを救う』（平成29年）、『老いてひとりを生き抜く！』（平成29年）、『「学びの縁」によるコミュニティの創造』（平成30年）、『差別のない世の中へ』（平成30年）、『高齢期の生き方カルタ』（平成31年）、『子どもに豊かな放課後を』（共著、平成31年）、『次代に伝えたい日本文化の光と影』（令和元年）、以上日本地域社会研究所発行。

75歳《さい》からの健康寿命《けんこうじゅみょう》

2020年9月26日　第1刷発行

著　者　三浦清一郎《みうらせいいちろう》

発行者　落合英秋
発行所　株式会社 日本地域社会研究所
〒167-0043　東京都杉並区上荻1-25-1
TEL　(03)5397-1231(代表)
FAX　(03)5397-1237
メールアドレス　tps@n-chiken.com
ホームページ　http://www.n-chiken.com
郵便振替口座　00150-1-41143
印刷所　中央精版印刷株式会社

ISBN978-4-89022-265-0

――― 日本地域社会研究所の好評図書 ―――

子どもに豊かな放課後を　学童保育と学校をつなぐ飯塚市の挑戦

三浦清一郎・森本精造・大島まな共著…共働き家庭が増え放課後教育の充実が望まれているのに、学校との連携が組織上不可能で進まないのが現状だ。健全な保育機能と教育機能の融合・充実をめざし、組織の垣根をこえた飯塚市の先進事例を紹介。

46判133頁／1400円

「過疎の地域」から「希望の地」へ　新時代の地域づくり

地方創生のヒント集

奥崎喜久著…過疎化への対策は遅れている。現状を打破するための行政と住民の役割は何か。各地で人口減少にストップをかけてきた実践者ならではの具体的な提案を紹介。過疎地に人を呼び込むための秘策や人口増につなげた国内外の成功事例も。

46判132頁／1500円

新時代の石門心学　今こそ石田梅岩に学ぶ！

黒川康徳著…石門心学の祖として歴史の一ページを飾った江戸中期の思想家・石田梅岩。今なお多くの名経営者が信奉する。勤勉や正直、節約などをわかりやすく説き、当時の商人や町人を導いたという梅岩の思想を明日への提言を交えて解説。

46判283頁／2000円

平成時代の366名言集　～歴史に残したい人生が豊かになる一日一言～

久恒啓一編著…366の人生から取りだした幸せを呼ぶ一日一訓は、現代人の生きる指針となる。平成の著名人が遺した珠玉の名言・金言集に生き方を学び、人生に目的とやりがいを見出すことのできるいつもそばに置いておきたい座右の書！

46判667頁／3950円

聖書に学ぶ！人間福祉の実践　現代に問いかけるイエス

大澤史伸著…キリスト教会の表現するイエス像ではなく、人間としてのイエスという視点で時代を読み解く！人間イエスが見た現実、その中で彼はどのような福祉実践を行なったのか。人間としてのイエスは時代をどう生き抜いたかをわかりやすく解説。

46判132頁／1680円

中国と日本に生きた高遠家の人びと

戦争に翻弄されながらも懸命に生きた家族の物語

八木哲郎著…国や軍部の思惑、大きな時代のうねりの中で、世界は戦争へと突き進んでいく。高遠家と中国・天津から来日した中国人留学生。時代に流されず懸命に生きた人びとの姿を描いた実録小説。

46判315頁／2000円